大切な人に想いをつなぐ
リレーションノート®

Connecting hearts "Relation Note"

司法書士法人コスモ
行政書士法人コスモ 代表社員
山口 里美 著

日本法令®

「大切な人に想いをつなぐリレーションノート®」への思い

　リレーションノート®とは、あなたの今を見つめ、これからにつなぐ、特別な一冊です。

　自分の心を記すことは、「これからを生きる」あゆみのきっかけとなります。
　このノートは、現在のあなた自身にかかわること、これからのあなたが望むこと、大きく二つに分けて構成されています。

私について～モノと心を整理する

　これまでの人生を振り返ってモノと心を整理すると、さまざまな思い出、自分を支えてくれた人々への想いなど、あなたにとっての大切なものがより鮮明になります。そこから、これからやりたいこと、やるべきことがきっとみつかるはずです。これからを自分らしく生きるために、まずは、自分のモノと心を整理してみましょう。

心をつなぐ～もしものときにつたえてほしいこと

　生きていれば、災害や病気、想定もしなかったことに遭遇することは、誰にも等しく起こりえます。あなたの財産や健康状態を記したノートは、緊急事態にもすぐに持ち出すことができ、その情報があなたの財産と命を守る「備え」となります。
　私自身は、父との突然の別れの際、「どこに何をしまっていたのだろう？　私にどんな想いを残してくれたのだろう？」と探すのに多大な時間を要し、悲しんでいる時間すらなかった経験があります。そんな「もしものときのために」も、あなたとご家族など大切な方々に役立つ情報を、このノートにわかりやすくまとめておくことをお勧めします。

　このノートを、大切な方々に贈られる方もあると思いますが、お相手の方とまずは本書の内容についてゆっくりとお話をされてみてはいかがでしょうか。離れていた大切な方との距離が近くなり、「そう思ってくれていたの？」と新しい発見があるかも知れません。
　最初から全ての事項を埋める必要はありません。まずは、書きやすいところから「書いてみて」あとからどんどん書き直すことをお勧めいたします。

　このノートが、新しい自分自身の発見、そして、大切な方々に想いをつなぐ、「きっかけづくり」になり、少しでも多くの方のお役に立つことを心より願っています。

司法書士法人・行政書士法人コスモ代表社員　山口里美

このノートの書き方

●そなえる君

あなたが、少しでも簡単に書き進められるように、このノートにはナビゲーターの「そなえる君」が登場します。書き方に迷われたときは、そなえる君のアドバイスも参考になさってみてください。

●どこからでも書きやすいところから

まずは「私のこと」から、ご自身のことを思いつくまま書いてみましょう。選択項目は、□にチェックし、その理由なども記すとよいでしょう。「書きやすい」ところから書き始めると、進めやすくなります。

●何度書き直してもかまいません

このノートの特長は「いつでも手に取って書きやすい」ことです。ひとつひとつの枠も大きくとっています。できるだけ鉛筆ではなくボールペンや万年筆を用いて記入し、間違った場合には、2本線などで修正して、余白に書いておきましょう。

●自分スタイルで

連絡先リストや所属団体などは、ご自身でデータ管理されていることもありますね。その場合は、プリントアウトしたものを、このノートに貼っておいても構いません。また、管理しているデータは、CD-R や DVD 等に保存しておくとさらに安心です。

●日付を書いておきましょう

それぞれのページの右上に日付欄があります。だいたい記入することができたら、そこに記入した□を書いておきましょう。後で見返すときにも参考になり便利です。

●このノートには法的効力はありません

ご自身の思いを整理するために書いておくこのノートですが、法的な効力はありません。お考えがまとまった段階で、専門家に相談し「遺言書」の作成を頼むこともできます。また、普段からご家族に、ご自身の希望をお話しされておくとより安心です。

私について

まずは、ご自身のことを思いつくままに
書いてみましょう。
楽しかったこと、好きなもの、子どもの頃の思い出、
今までを振り返り、記録しておくことで、
これからの人生も有意義に過ごして
いくことができるでしょう。

私のこと

記入日　　　年　　　月　　　日

フリガナ	
氏名	
婚姻歴	□有　　□無
離婚歴	□有　　□無
生年月日 西暦（和暦）	年　　月　　日　｜　干　支　｜
生まれたところ （出身地）	
本籍地	
現住所 （住民票上の住所）	
電話	｜　FAX　｜
携帯電話	
メールアドレス	パソコン 携帯電話

引っ越しなどで変更が生じたときは、忘れずに書き直しておきましょう

ひっこし

記入日　　　年　　　月　　　日

SNS （Facebook、LINEなど）			
勤務先			
住所			
電話		F A X	
ホームページ アドレス			
マイナンバー			
健康保険証	種類 保険者番号		保管場所
基礎年金番号			保管場所
老人保険証	記号番号		保管場所
介護保険証	記号番号		保管場所
運転免許証	記号番号		保管場所
パスポート	記号番号		保管場所

＊健康保険証や運転免許証の番号は、まとめて控えておくと緊急時も役立ちます。

私の健康状態

記入日　　　年　　　月　　　日

血液型	□A	□B	□O	□AB	□RH（＋・－）

身　長		cm	体　重		kg

アレルギー （食べ物・薬品）	

🍀 病歴

病名	治療期間	病院・医院名
	年　　月〜 年　　月まで	
	年　　月〜 年　　月まで	
	年　　月〜 年　　月まで	

🍀 持病

病名	発症時期	病院・医院名	担当医

確認されたときに、すぐに伝えられるように、ここに記入しておきましょう！

記入日　　　年　　　月　　　日

🍀 常用している薬

🍀 健康診断

受診場所　　　　年　　　月　　　日
受診結果　　　　　　　　　　　　　　　診断表の保管場所
受診場所　　　　年　　　月　　　日
受診結果　　　　　　　　　　　　　　　診断表の保管場所

🍀 かかりつけ医

診療科名	
電話	担当医
診療科名	
電話	担当医
診療科名	
電話	担当医

🍀 かかりつけ歯科医

病院・医院名　　　　　　　　　　電話
担当医

私の好きなもの

🍀 好きな食べ物

□甘いものが好き　　　□辛いものが好き　　　□あまりこだわりはない

□濃い味が好き　　　　□薄い味が好き　　　　□あまりこだわりはない

□硬いものが好き　　　□柔らかいものが好き　□あまりこだわりはない

🍀 好きな音楽

聴く音楽	
歌いたい曲	

🍀 好きなもの

好きな花	
好きな季節	
好きな服	

🍀 好きな人など

芸能人		スポーツ選手	

尊敬する人	
好きな 歴史上の人物	
座右の銘	
想い出に残る絵画	
想い出に残る番組	
想い出に残る本	
想い出に残る映画	
想い出に残る旅行	

私の歴史

記入日　　　年　　　月　　　日

🍀 私が生まれたとき

生まれた場所

生まれたときの大きさ

身長　　　　　　　　　　　体重

名前の由来

エピソード

🍀 保育園・幼稚園

年　　　月　　　　　　　　　　　　入園

年　　　月　　　　　　　　　　　　卒園

エピソード

🍀 小学校

年　　　月　　　　　　　　　　小学校入学

年　　　月　　　　　　　　　　小学校卒業

エピソード

🍀 中学校

年　　　月　　　　　　　　　　中学校入学

年　　　月　　　　　　　　　　中学校卒業

エピソード

記入日　　　年　　　月　　　日

🍀　　学校		
年　　　月		入学
年　　　月		卒業
エピソード		

🍀　　学校		
年　　　月		入学
年　　　月		卒業
エピソード		

🍀　　学校		
年　　　月		入学
年　　　月		卒業
エピソード		

🍀 就 職
年　　　月
エピソード
年　　　月
エピソード
年　　　月
エピソード

＊成年後の学歴・職歴をまとめておかれると、年金の確認をする時にも便利です。

私の家系図

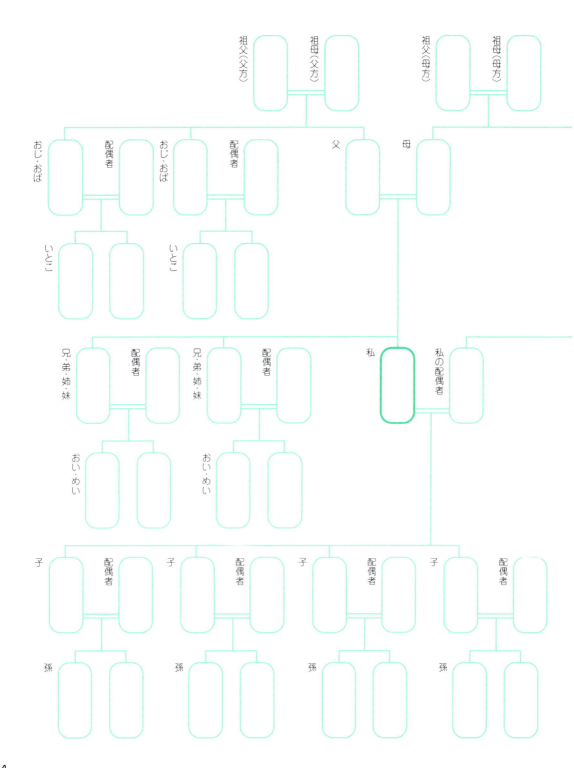

記入日　　　年　　　月　　　日

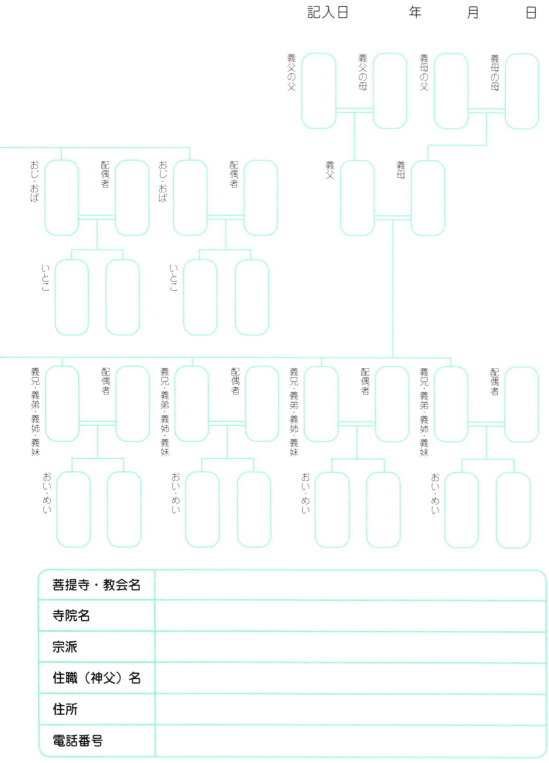

義父の父　義父の母　義母の父　義母の母

おじ・おば　配偶者　おじ・おば　配偶者　義父　義母

いとこ　いとこ

義兄・義弟・義姉・義妹　配偶者　義兄・義弟・義姉・義妹　配偶者　義兄・義弟・義姉・義妹　配偶者　義兄・義弟・義姉・義妹　配偶者

おい・めい　おい・めい　おい・めい　おい・めい

菩提寺・教会名	
寺院名	
宗派	
住職（神父）名	
住所	
電話番号	

＊相続人については、46ページに記載があります。

私のまわりの人（私の家族）

記入日　　　年　　　月　　　日

🍀 私の家族

続柄	氏名		生年月日		血液型	
	住所			連絡先		
勤務先・学校			メールアドレス			
手術の承諾	□依頼済	□依頼未了				
「もしも」のとき	□危篤	□通夜	□死亡通知	□連絡不要		
備考						

続柄	氏名		生年月日		血液型	
	住所			連絡先		
勤務先・学校			メールアドレス			
手術の承諾	□依頼済	□依頼未了				
「もしも」のとき	□危篤	□通夜	□死亡通知	□連絡不要		
備考						

続柄	氏名		生年月日		血液型	
	住所			連絡先		
勤務先・学校			メールアドレス			
手術の承諾	□依頼済	□依頼未了				
「もしも」のとき	□危篤	□通夜	□死亡通知	□連絡不要		
備考						

続柄	氏名		生年月日		血液型	
	住所			連絡先		
勤務先・学校			メールアドレス			
手術の承諾	□依頼済	□依頼未了				
「もしも」のとき	□危篤	□通夜	□死亡通知	□連絡不要		
備考						

続柄	氏名		生年月日		血液型	
	住所			連絡先		
勤務先・学校			メールアドレス			
手術の承諾	□依頼済	□依頼未了				
「もしも」のとき	□危篤	□通夜	□死亡通知	□連絡不要		
備考						

亡くなった方は
命日も書いて
おきましょう

記入日　　　年　　　月　　　日

🍀 私 の 家 族

続柄		氏名		生年月日		血液型	
		住所			連絡先		
勤務先・学校			メールアドレス				
手術の承諾	□依頼済　□依頼未了						
「もしも」のとき	□危篤　　□通夜　　□死亡通知　　□連絡不要						
備考							

続柄		氏名		生年月日		血液型	
		住所			連絡先		
勤務先・学校			メールアドレス				
手術の承諾	□依頼済　□依頼未了						
「もしも」のとき	□危篤　　□通夜　　□死亡通知　　□連絡不要						
備考							

続柄		氏名		生年月日		血液型	
		住所			連絡先		
勤務先・学校			メールアドレス				
手術の承諾	□依頼済　□依頼未了						
「もしも」のとき	□危篤　　□通夜　　□死亡通知　　□連絡不要						
備考							

続柄		氏名		生年月日		血液型	
		住所			連絡先		
勤務先・学校			メールアドレス				
手術の承諾	□依頼済　□依頼未了						
「もしも」のとき	□危篤　　□通夜　　□死亡通知　　□連絡不要						
備考							

続柄		氏名		生年月日		血液型	
		住所			連絡先		
勤務先・学校			メールアドレス				
手術の承諾	□依頼済　□依頼未了						
「もしも」のとき	□危篤　　□通夜　　□死亡通知　　□連絡不要						
備考							

＊パソコンでデータ管理をしている場合、紙に印刷して貼っておいても構いません。

私のまわりの人 （私の親族）

記入日　　　年　　月　　日

🍀 私の親族

続柄		氏名		生年月日	
		住所		連絡先	
勤務先・学校			メールアドレス		
手術の承諾		□依頼済　　□依頼未了			
「もしも」のとき		□危篤　　　□通夜　　　□死亡通知　　　□連絡不要			
備考					
続柄		氏名		生年月日	
		住所		連絡先	
勤務先・学校			メールアドレス		
手術の承諾		□依頼済　　□依頼未了			
「もしも」のとき		□危篤　　　□通夜　　　□死亡通知　　　□連絡不要			
備考					
続柄		氏名		生年月日	
		住所		連絡先	
勤務先・学校			メールアドレス		
手術の承諾		□依頼済　　□依頼未了			
「もしも」のとき		□危篤　　　□通夜　　　□死亡通知　　　□連絡不要			
備考					
続柄		氏名		生年月日	
		住所		連絡先	
勤務先・学校			メールアドレス		
手術の承諾		□依頼済　　□依頼未了			
「もしも」のとき		□危篤　　　□通夜　　　□死亡通知　　　□連絡不要			
備考					
続柄		氏名		生年月日	
		住所		連絡先	
勤務先・学校			メールアドレス		
手術の承諾		□依頼済　　□依頼未了			
「もしも」のとき		□危篤　　　□通夜　　　□死亡通知　　　□連絡不要			
備考					

記入日　　　年　　　月　　　日

🍀 私の親族

続柄		氏名		生年月日	
		住所		連絡先	

勤務先・学校		メールアドレス	

手術の承諾	□依頼済　　□依頼未了

「もしも」のとき	□危篤　　　□通夜　　　□死亡通知　　　□連絡不要

備考	

続柄		氏名		生年月日	
		住所		連絡先	

勤務先・学校		メールアドレス	

手術の承諾	□依頼済　　□依頼未了

「もしも」のとき	□危篤　　　□通夜　　　□死亡通知　　　□連絡不要

備考	

続柄		氏名		生年月日	
		住所		連絡先	

勤務先・学校		メールアドレス	

手術の承諾	□依頼済　　□依頼未了

「もしも」のとき	□危篤　　　□通夜　　　□死亡通知　　　□連絡不要

備考	

続柄		氏名		生年月日	
		住所		連絡先	

勤務先・学校		メールアドレス	

手術の承諾	□依頼済　　□依頼未了

「もしも」のとき	□危篤　　　□通夜　　　□死亡通知　　　□連絡不要

備考	

続柄		氏名		生年月日	
		住所		連絡先	

勤務先・学校		メールアドレス	

手術の承諾	□依頼済　　□依頼未了

「もしも」のとき	□危篤　　　□通夜　　　□死亡通知　　　□連絡不要

備考	

＊親族についての記載は大切です。備考にはニックネームやその方の関係者の連絡先なども書いておきましょう！
パソコンでデータ管理をしている場合、紙に印刷して貼っておいても構いません。

私の友人・知人

記入日　　　　年　　　　月　　　　日

いつ・どこで出会ったか	
氏名	生年月日
住所	連絡先
勤務先・学校	メールアドレス
「もしも」のとき　　□危篤　　□通夜　　□死亡通知　　□連絡不要	
備考	

いつ・どこで出会ったか	
氏名	生年月日
住所	連絡先
勤務先・学校	メールアドレス
「もしも」のとき　　□危篤　　□通夜　　□死亡通知　　□連絡不要	
備考	

いつ・どこで出会ったか	
氏名	生年月日
住所	連絡先
勤務先・学校	メールアドレス
「もしも」のとき　　□危篤　　□通夜　　□死亡通知　　□連絡不要	
備考	

いつ・どこで出会ったか	
氏名	生年月日
住所	連絡先
勤務先・学校	メールアドレス
「もしも」のとき　　□危篤　　□通夜　　□死亡通知　　□連絡不要	
備考	

いつ・どこで出会ったか	
氏名	生年月日
住所	連絡先
勤務先・学校	メールアドレス
「もしも」のとき　　□危篤　　□通夜　　□死亡通知　　□連絡不要	
備考	

記入日　　　年　　　月　　　日

いつ・どこで出会ったか			
氏名		生年月日	
住所		連絡先	
勤務先・学校		メールアドレス	
「もしも」のとき	□危篤　　□通夜　　□死亡通知　　□連絡不要		
備考			

いつ・どこで出会ったか			
氏名		生年月日	
住所		連絡先	
勤務先・学校		メールアドレス	
「もしも」のとき	□危篤　　□通夜　　□死亡通知　　□連絡不要		
備考			

いつ・どこで出会ったか			
氏名		生年月日	
住所		連絡先	
勤務先・学校		メールアドレス	
「もしも」のとき	□危篤　　□通夜　　□死亡通知　　□連絡不要		
備考			

いつ・どこで出会ったか			
氏名		生年月日	
住所		連絡先	
勤務先・学校		メールアドレス	
「もしも」のとき	□危篤　　□通夜　　□死亡通知　　□連絡不要		
備考			

いつ・どこで出会ったか			
氏名		生年月日	
住所		連絡先	
勤務先・学校		メールアドレス	
「もしも」のとき	□危篤　　□通夜　　□死亡通知　　□連絡不要		
備考			

＊パソコンでデータ管理をしている場合、紙に印刷して貼っておいても構いません。

私の財産

🍀 不動産（土地・建物）

種類	□土地　　□建物　　□マンション・アパート □田畑　　□その他	
不動産の用途		
名義人		持ち分
所在地・地番など		
登記簿記載内容	抵当権　□設定なし □設定あり	面積
固定資産額の評価額	（　　　　　　）年	円

種類	□土地　　□建物　　□マンション・アパート □田畑　　□その他	
不動産の用途		
名義人		持ち分
所在地・地番など		
登記簿記載内容	抵当権　□設定なし □設定あり	面積
固定資産額の評価額	（　　　　　　）年	円

種類	□土地　　□建物　　□マンション・アパート □田畑　　□その他	
不動産の用途		
名義人		持ち分
所在地・地番など		
登記簿記載内容	抵当権　□設定なし □設定あり	面積
固定資産額の評価額	（　　　　　　）年	円

＊書ききれない場合は、このページにリストを貼りつけておきましょう。

ネットバンキングなどの
パスワードは別のところ
に保管しましょう

記入日 　　　年　　　月　　　日

🍀 預貯金

金融機関・支店名		種類	
口座番号		Web用ID	

備考　名義人　　　　　　　　遺言による個別指定　　□有　　□無

金融機関・支店名		種類	
口座番号		Web用ID	

備考　名義人　　　　　　　　遺言による個別指定　　□有　　□無

金融機関・支店名		種類	
口座番号		Web用ID	

備考　名義人　　　　　　　　遺言による個別指定　　□有　　□無

金融機関・支店名		種類	
口座番号		Web用ID	

備考　名義人　　　　　　　　遺言による個別指定　　□有　　□無

金融機関・支店名		種類	
口座番号		Web用ID	

備考　名義人　　　　　　　　遺言による個別指定　　□有　　□無

＊口座からの自動引落としについては、60ページに記入欄があります。
　インターネットの口座や、通帳のない口座なども忘れずに！

記入日　　　年　　　月　　　日

☘ 有価証券

証券会社・支店名（担当者）		口座番号	
銘柄		株数	
備考　名義人	遺言による個別指定　　□有　　□無		

証券会社・支店名（担当者）		口座番号	
銘柄		株数	
備考　名義人	遺言による個別指定　　□有　　□無		

証券会社・支店名（担当者）		口座番号	
銘柄		株数	
備考　名義人	遺言による個別指定　　□有　　□無		

証券会社・支店名（担当者）		口座番号	
銘柄		株数	
備考　名義人	遺言による個別指定　　□有　　□無		

証券会社・支店名（担当者）		口座番号	
銘柄		株数	
備考　名義人	遺言による個別指定　　□有　　□無		

＊本人以外わからないことが多いため、できるだけくわしく書いておきましょう。

記入日　　　年　　　月　　　日

♣ その他の金融資産（ゴルフ会員権など）

証券会社等・支店名（担当者）	銘柄・名称

備考　名義人	遺言による個別指定　□有　　□無

証券会社等・支店名（担当者）	銘柄・名称

備考　名義人	遺言による個別指定　□有　　□無

♣ 貴金属・美術品など

品名	個数	購入先・購入金額・購入年月

備考　名義人	遺言による個別指定　□有　　□無

品名	個数	購入先・購入金額・購入年月

備考　名義人	遺言による個別指定　□有　　□無

♣ 貸し金庫・レンタル倉庫・トランクルームなど

契約会社名	住所	電話番号	内容

備考　名義人

契約会社名	住所	電話番号	内容

備考　名義人

＊もしものときに、家族にわかるように記録しておきましょう！

記入日　　　年　　　月　　　日

🍀 住宅ローン・借入金など

借入先		連絡先	
借入金額		借入残高	
返済期限			
備考			

🍀 そのほかのローン

借入先		連絡先	
借入日	年　　月　　日	借入金額	
返済方法		利息	
借入残高		返済期限	
備考			

借入先		連絡先	
借入日	年　　月　　日	借入金額	
返済方法		利息	
借入残高		返済期限	
備考			

🍀 保証債務（借金の保証人など）

保証した日	年　　月　　日	保証した金額	
主債務者 （あなたが保証した人）		連絡先	
債権者 （お金を貸した人）		連絡先	

＊借入金も相続の対象となります。遺された人を守るためにきちんと記入しておきましょう。

家族をトラブルから
守るため、
特に保証債務は忘れずに
記載しましょう

記入日　　　年　　　月　　　日

🍀 貸付金など

貸付先		連絡先	
貸付日	年　　月　　日	貸付金額	
返済方法		利息	
証書	□なし　□あり（　　　　）	返済期限	
返済残高			
備考			

貸付先		連絡先	
貸付日	年　　月　　日	貸付金額	
返済方法		利息	
証書	□なし　□あり（　　　　）	返済期限	
返済残高			
備考			

🍀 その他の資産

＊貸付金も相続財産となります。相続税の対象にもなりますので、正確に記入しておきましょう。

♣ カードなど

カード名			
カード会社		連絡先	
登録番号		有効期限	
Web用ID		備考	

カード名			
カード会社		連絡先	
登録番号		有効期限	
Web用ID		備考	

♣ 電子マネー・ポイントカード

カード名	番号	連絡先

年金について

記入日　　　年　　　月　　　日

✿ 公的年金の記録

受給者名	
基礎年金番号	
種類	□国民年金　　□厚生年金　　□共済年金 □その他（　　　　　　　　）
支給開始日	
証書番号	

支給日		支給金額	

備考	

✿ 私的年金（企業年金・個人年金など）

名称	
連絡先	
備考	

＊年金について記録するページです。
　公的年金だけでなく、私的年金も忘れずに記入しておきましょう。

保険について

記入日　　　年　　　月　　　日

🍀 生命保険

保険会社名		担当者名	
保険の種類	□終身保険　□定期保険　□養老保険　□医療保険 □その他（　　　）		
被保険者名			
証券番号		契約日	年　　月　　日
死亡保険金受取人			
備考（保険金額・特約）			

保険会社名		担当者名	
保険の種類	□終身保険　□定期保険　□養老保険　□医療保険 □その他（　　　）		
被保険者名			
証券番号		契約日	年　　月　　日
死亡保険金受取人			
備考（保険金額・特約）			

保険会社名		担当者名	
保険の種類	□終身保険　□定期保険　□養老保険　□医療保険 □その他（　　　）		
被保険者名			
証券番号		契約日	年　　月　　日
死亡保険金受取人			
備考（保険金額・特約）			

＊生命保険は、受取人の指定があれば相続財産から除かれます。注意して記録しておきましょう。

火災保険付帯の
地震保険なども
あったら忘れずに

記入日　　　年　　　月　　　日

🍀 損害保険など

保険会社名		担当者名	
保険の種類	□火災保険　□自動車保険　□傷害保険　□賠償責任保険 □その他（　　　　）		
証券番号		契　約　日	年　　　月　　　日
備考			

保険会社名		担当者名	
保険の種類	□火災保険　□自動車保険　□傷害保険　□賠償責任保険 □その他（　　　　）		
証券番号		契　約　日	年　　　月　　　日
備考			

保険会社名		担当者名	
保険の種類	□火災保険　□自動車保険　□傷害保険　□賠償責任保険 □その他（　　　　）		
証券番号		契　約　日	年　　　月　　　日
備考			

＊もしものとき、あなたや家族がきちんと請求できるように記入しておきましょう。

大人世代の片づけの目的は、安心・安全な生活を手に入れること！

　不要なモノを多く持ちすぎると、本当に必要なモノや、重要書類を、「いざ」という時に取り出せなくなります。また、高齢者が床に放置してあるモノにつまづいて転倒し、それがきっかけで認知症を発症してしまうことも頻繁に起こっています。玄関や廊下に放置されたモノは、緊急時に逃げる際の避難経路を塞ぎます。高い所に置いたままの重い荷物は、地震の際に人を襲う凶器となります。

　多すぎるモノを管理するのにも、時間と手間、そしてコストがかかります。モノに支配される生活から、不要なモノを手放し、安心安全な生活を手に入れていただきたいと思います。そこで生まれた時間を、あなたの新しい生活のために使いましょう。

重要な書類の片づけと「リレーションノート®」の活用

　不動産の売却をする際に、必要な権利証や実印が「見つからない」という話がよくあります。預金通帳や権利証、保険証書、マイナンバーなどの重要書類は、親が子の代わりに、子が親の代わりに片づけることはできません。つまり、重要書類は自分でしか片づけることができない、他人が手出しできない領域のモノなのです。ところが、ここを放置されている方も多いもの。更に、放置されたままの重要書類が原因で、家族間にトラブルや相続争いが起こることもあります。

　あなたの重要書類のリストアップに、「リレーションノート®」を活用されることをお勧めします。実際に、重要書類を手に取ってノートに必要事項を記載することで、一か所にまとめることができます。実際に手に取る必要があるのは、意外と自分が思っている場所ではない場所に、書類を仕舞い込んでいることが多いからです。そして、必要事項をノートに記載することで、「不動産の名義がお爺さんのまま放置されていた」「保険金の受取人を変えることを忘れていた」等、次にしなければならないことの気づ

きがあります。

　まとめた重要書類は、ひとまとめにしておきましょう。万が一の際、書類の全てを持ち出すことができなくても、「リレーションノート®」1冊ならリュックや鞄に入れて逃げることが可能です。無事に帰ってこられた際には、ノートに記載されたことが、次の生活の再スタートを切る際の情報として役立ちます。

健康状態を記入しましょう！

　「リレーションノート®」には、「持病」「常用している薬」「かかりつけ医」等を記載するページがあります。あなたは、「お母さんが普段服用している薬は何ですか？」と尋ねられて、すぐに答えることができますか？　親が万が一救急病院に運び込まれたような場合、ノートに常用薬を記載しているだけで、命を取り留めることができるかもしれません。

　地震や火災で避難所に逃げることができたとしても、自分で言葉を発することができない状態であるかも知れません。そんな時、ノートに常用薬が記載してあれば、それを処方してもらえたり、アレルギーを見つけてもらったりと、命をつなぐことができます。

　「リレーションノート®」に重要書類や健康状態につき記入することは、「いざ」という時に、あなたの財産や命を守る備えとなります。「リレーションノート®」をうまく使いこなして、「安心・安全な生活」を手に入れ、新しい自分にチャレンジしましょう！

いかがでしたか？

Memo

もしもの
ときに
つたえて
ほしいこと

ここからは、ご自身がこれからどう過ごしていくかを
考えて書きましょう。
ご自身が判断できなくなったときは、家族の方、
あるいは第三者の方がこれを見てだれでもわかるよう、
自分がもしものときにどうして
ほしいのかを素直に書きましょう。
これからの人生も有意義に過ごして
いくことができるでしょう。

これからの生活で私が望むこと①

♣ 介護が必要になったときに頼める人

□いる　　　　氏名　　　　　　続柄　　　　　電話番号

　　　　　　　氏名　　　　　　続柄　　　　　電話番号

□いない

　　選択の理由等

♣ 介護サービスを受けたい場所

□自宅

□病院や施設　　　　　利用したい施設名（場所）：　　　　　（　　　　　）

□子どもの家

□家族の判断に任せる

□その他（　　　　　　　　　　　　　　　）

　　選択の理由等

♣ 介護費用の資金源

□預貯金

□保険　　　　　　　保険会社名：　　　　　　保険名：

□子どもの援助を希望

□家族の援助を希望

□公的費用

□その他（　　　　　　　　　　　　　　　　）

＊介護が必要になったときに、どうしてほしいのかを伝えておくと、介護をしてくれる人にとっても役に立ちます。

ご自身の素直な
気持ちを
書きましょう

記入日　　年　　月　　日

✤ ご自身がもし判断能力がなくなったらどうしますか？

□子ども等に支えてもらう　　　　名前：

□成年後見制度を利用して支援を受ける

□人の支援は受けたくない

□その他

　選択の理由等

✤ 任意後見人

氏名	続柄
住所	連絡先 電話番号
書面の保管場所	

✤ 判断能力がなくなった後の財産管理

□配偶者

□子ども　　　　　　　名前：

□後見人

□その他（　　　　　　　　　　　　　　　）

＊成年後見人については、42ページに説明があります。

もしものときリスト①

♣ 手術の承諾を頼める人

氏名		続柄	
住所		電話番号	

□依頼済　　□依頼未了

氏名		続柄	
住所		電話番号	

□依頼済　　□依頼未了

氏名		続柄	
住所		電話番号	

□依頼済　　□依頼未了

氏名		続柄	
住所		電話番号	

□依頼済　　□依頼未了

私の遺言書

遺言で祭祀の継承者（お墓や仏壇を受け継ぐ人）を指定することができます

記入日　　　年　　　月　　　日

遺言書は作成していますか？

□作成している　　□作成していない　　□これから作成する予定

遺言の種類

□公正証書遺言　　　□自筆証書遺言　　　□秘密証書遺言

作成年月日

　　　　　年　　　　　月　　　　　日

保管場所	
遺言関係者	

特に記しておきたいこと（そのほかの希望など）

🍀 依頼・相談している専門家				
事務所名		名前	職業	
住所			電話	
依頼内容				

＊遺言書の有無やその種類について記録しておきます。せっかく遺言書を作成しても見つけてもらわないと、遺された方へのメッセージが伝わりません。

これからの生活で私が望むこと②

記入日　　年　　月　　日

🍀 もし私が死が避けられない病気になったとき

☐病院で治療を受け続けたい　　☐ホスピスで最後を迎えたい

☐自宅で最期を迎えたい　　　　☐家族の判断に任せる

☐その他

　　選択の理由等

🍀 病名や余命の告知

☐すべて告知してほしい

☐病名だけ告知してほしい

☐告知しないでほしい

☐余命だけ告知してほしい

☐余命が　　　　　　カ月以上であれば、病名・余命とも告知してほしい

🍀 植物状態が続いたときの延命治療

☐望む

☐延命することよりも、苦痛を和らげるための治療をしてほしい
　　その結果、副作用等で死期が早まったとしても構わない

☐望まない、尊厳死（安楽死も含む）を望む

☐その他

🍀 臓器提供や献体

☐臓器提供のドナーカードを持っている　（保管場所　　　　　　　　　　）

☐献体の登録をしている　　　　　　　　（登録した団体　　　　　　　　）

☐角膜を提供するためのアイバンクに登録している

　　　　　　　　　　　　　　　　（登録証の保管場所　　　　　　　　　）

☐臓器提供や献体はしたくない

＊大切なメッセージです。遺された家族に難しい判断を強いることのないよう記録しておきましょう。

記入日　　　年　　　月　　　日

🍀 私のペット

名前		性別	
生年月日			
属種			
かかりつけ医			
予防接種			
ペット保険			
「もしものとき」は	□家族・親族に任せる □特定の人に譲りたい（　　　　　　　　　　）		
備考			

名前		性別	
生年月日			
属種			
かかりつけ医			
予防接種			
ペット保険			
「もしものとき」は	□家族・親族に任せる □特定の人に譲りたい（　　　　　　　　　　）		
備考			

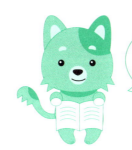

このページに記入した内容は、日ごろから家族と話し合っておくと安心です

成年後見制度について

成年後見制度とは、認知症・知的障害・精神障害などによって
判断能力が十分ではない方を保護するための制度です。
財産管理や身上監護（施設の入退所等の生活について
配慮をすること）を主として行います。

　既に判断能力が十分でない場合に利用する「法定後見制度」と、将来の、判断能力が不十分になった時のために事前に行っておく「任意後見制度」があります。

1．法定後見

　認知症などにより既に判断能力が不十分な状態になっている場合、家庭裁判所の審判により、支援者を定める法定後見制度を利用します。本人の判断能力の程度により、**「後見」「保佐」「補助」**の3つの類型にさらに分類されます。

- 後見……ほとんど判断ができない状態にある方
- 保佐……判断能力が著しく不十分な方
- 補助……判断能力が不十分な方

具体的には、

①認知症の父名義の不動産を売却して、施設の入所費用にあてたい。

②認知症で寝たきりの母の面倒を見て財産管理をしてきたが、他の兄弟から疑われている。

③母が遺した財産に関し遺産分割の協議をしようとしたが、兄弟の中に認知症の者がいるので話し合いができない。

　等の場合には、法定後見制度を利用することができます。

　後見人には、財産の管理、介護・福祉・医療の管理などにわたる支援を託すことができます。

　後見を受けると、印鑑登録ができなくなったり、公務員、会社の取締役や資格を要する職業に就けなくなることもあります。選挙権や被選挙権を失うことはなくなりました。

2．成年後見制度を利用するには……

- 申立先……本人の住所地の家庭裁判所

- 申し立てができる人……本人、配偶者、4親等以内の親族、市区町村長など
- 申立書類……申立書、本人の戸籍謄本・住民票、親族関係図、本人の財産目録、本人の収支状況報告書、診断書など

申し立ての際には、医師の診断書の添付や財産の調査が必要です。また、原則は精神鑑定が必要です。申し立てから家庭裁判所の判断が下されるまでは約2カ月かかり、「成年後見登記制度」で公示されることとなります。

さらに、自宅を売却したり、自宅に担保権を設定したりする場合には、別途家庭裁判所の判断が必要となります。

時間もかかり、様々な添付書類も必要とするため、できれば専門家に相談することをお勧め致します。

3. 任意後見

今は元気であるけれど、将来が不安なので、今のうちに判断能力が不十分になった時の財産管理や、法律行為の支援を行ってくれる人に頼んでおきたい場合に、任意後見制度を利用します。支援者との間で**任意の契約**を行い、**公証人役場**で**公正証書**として残しておきます。「最後まで自分の人生は自分で決めたい」と願う多くの方が任意後見制度を選択しはじめています。

①アルツハイマー病と診断された。一人暮らしなので、自分の意思で悔いのない人生を最後まで送りたい。
②一人暮らしのため、万が一自分で判断ができなくなった場合、施設に入る手続きや費用の管理をお願いしたい。
③私が死んだ場合、知的障害のある子の将来が心配である。

等の場合には、任意後見制度を利用することができます。

後見人には、自分の身近な人を選ぶこともできますし、司法書士や弁護士などの専門家に依頼することも可能です。

手続きは自分ですることも可能ですが、期間の長い契約となる可能性もありますので、身近な専門家にご相談されることをお勧めします。

遺言書について

「自分の意思を伝えること」はとても大切なこと。
特に財産がなくても、まだ若くても、あとに遺された方々に思いを
伝えるために、遺言書を作成されることをお勧めします。

遺言とは、財産処分についての被相続人の意思を示したものです。

民法上「自筆証書遺言」「公正証書遺言」「秘密証書遺言」の3種類があります。

- 15歳以上であれば遺言を作成することが可能であり(民法961条)
- 遺言をする人が自由に取り消すことができ
- 何度でも行うことができます

また、後にした遺言の内容と前の遺言が矛盾する場合は、後の遺言が有効となります。

遺言の各方式は、遺言者の真実の意思を尊重するために設けられており、この方式に違反した遺言は**無効**となります。

1. 自筆証書遺言

遺言者が自分で遺言の全文、日付、氏名を**手書き**し、押印する方式で行う遺言です。日付や氏名の記載のないもの、パソコンで作成したもの、他人に代筆してもらったものは無効です。他の遺言と比べて簡単に作成でき、証人の立会いも不要なので、費用もかかりませんが、書式の不備や内容が不明確になりがちで、後日トラブルになる可能性もあります。また、遺言の存在すら知られない、あるいは、偽造・変造・紛失などの恐れもあります。開封前に家庭裁判所で**検認手続**が必要です。

2. 公正証書遺言

証人2人以上の立会いのもと、遺言者が公証人に遺言の趣旨を述べ、**公証人**がこれを筆記し、内容を読み聞かせ、全員が署名押印して作成します。手話または筆談による作成も可能なので、何らかの理由で自筆ができない人も作成できます。また、入院中などで、遺言者が出向けないときは、公証人を自宅や病院に呼ぶことも可能です。公証人に対する費用がかかりますが、偽造・変造のリスクが低く、検認手続も不要です。遺言書の原本は公証人役場で保管されます。

3. 秘密証書遺言

遺言の内容を記載した文章に、遺言者が署名押印して封筒に入れ、遺言書に用いた印で封印し、これを公証人に提出して作成します。遺言の内容を誰にも知られたくないときに利用されますが、遺言の内容に法的不備があることもあり、また、開封前に家庭裁判所の検認手続も必要です。

4. 遺言書を見つけたら……

公正証書で作成した遺言を除き、遺言書の保管者は、速やかに家庭裁判所に提出し、検認の手続を請求する必要があります。

- 申立先……遺言者の最後の住所地の家庭裁判所
- 申し立ての費用……遺言書1通につき800円の収入印紙＋郵便切手

ただし、検認は方式や状態を調査・確認するものであり、内容の真否などの有効性を判断するものではありません。

遺言の内容により、遺言執行者の選任が必要な場合もあります。

5. 遺言書作成のお勧め

相続に関する情報が氾濫するにつれ、それにまつわるトラブルも増加しています。配偶者や第三者が登場し、ますます複雑化。

芸能人や資産をたくさん持つ方のみが関係あるように思われてきた遺言書ですが、最近は、「もしものときのため」に、作成される方も増えてきました。あなたの意思がはっきりと記されていることだけでも、遺された家族はとても助かります。

遺言書の確実な作成、実現に当たっては、専門家に相談し、必要な手続を取ることをお勧めします。

遺言書で空き家問題を予防する！

遺言書が残されていない場合、相続財産は原則、法定相続分に従い分けられることとなります。ところが、登記も放置したまま法定相続を何度もくり返すと、相続人があっという間にとんでもない数に…。共有者が多すぎる、どこにいるかわからない等、「空き家問題」の一因にもなっています。

遺言書を残すことは、そのようなトラブルを予防することにもなります。

相続について

「もしものときのこと」を考えてみると、
「本当は相続についてよく知らない」ことに気付かれると思います。
あとに遺された方々が相続で争う「争族」にならないよう、
相続についても確認しておきましょう。

　相続とは、亡くなった方（被相続人）の財産上の権利義務を、遺族等（相続人）に、**包括的に承継**させることを言います。相続において、重要なポイントは2点あります。

- 第1は、誰が相続するのか相続人を確定すること
- 第2は、相続財産を確定すること

です。

　相続人は、現金、不動産、債権などの**プラスの財産**だけではなく、借金、未払いの税金などの**マイナスの財産**もすべて引き継ぐことが原則です。

1. 誰が相続人になるの？

　遺言がない場合、民法で定められている法定相続人が相続人となります。

　配偶者がいる場合には、**配偶者**は常に相続人になります。そして、

　第1順位は、**子**、子が亡くなっている場合はその代襲者（孫・曾孫）です。

　第2順位は、**親**（直系尊属）です。

　第3順位は、**兄弟姉妹**、兄弟姉妹が亡くなっているときはその代襲者（ただし、子どもに限られ、孫、曾孫は含まれません）です。

2. 法定相続分とは？

　法律で定められた相続分を、法定相続分といいます。

①被相続に子がある場合

　配偶者：子＝1／2：1／2（子が複数の場合、子の相続分を子の人数で割ります）

②被相続人に子がいない場合

　配偶者：親＝2／3：1／3

③被相続人に子、父母ともいない場合

　配偶者：兄弟姉妹3／4：1／4

3. 遺留分とは？

故人の意思にかかわらず法定相続人（故人の兄弟姉妹は除きます）が、最低限主張できる相続割合を言います。

①配偶者や子、親（直系尊属）には、相続財産の２分の１に対する遺留分が認められます。

②親のみが相続人の場合は、遺留分は３分の１となります。

遺留分について、侵害された分の支払を求める請求を「**遺留分減殺請求**」といい、「相続開始及び減殺すべき贈与又は遺贈があったことを知ったときから１年以内、もしくは、相続開始の時から10年以内に行使する必要があります。

4. 遺産分割について

遺言がない場合等には、民法で定められた法定相続分に従って相続されますが、相続人全員の合意により、特定の人や、法定相続分とは異なる割合で財産を分配することも可能です。これを**遺産分割協議**といいます。

遺産分割協議には相続人全員が参加しなければならず、認知症などで意思を確認することができない方があれば、別途、成年後見手続などをとる必要もあります。

5. 特に気をつけなければならないこと

相続が生じたときにトラブルになりやすいのが、子どもがいない夫婦、離婚・再婚をした方、認知した子どもがある場合、内縁のパートナーなどです。

● お世話になった方に特に財産を譲りたい場合

● 法定相続分と異なる割合で財産を残したい場合

● 社会に役立てるため寄付をしたい場合

などは、「遺言」を準備することをお勧めします。

民法の一部が変更されました！

平成25年９月４日の最高裁判所での判断を受け、「民法の一部を改正する法律」が平成25年12月5日に成立し、同月11日に公布・施行されました。

これまで、嫡出でない子の相続分は、嫡出子の２分の１であったものが、嫡出でない子と嫡出子の相続分が等しくなりました。平成25年９月５日以後に開始した相続について適用されます。

私のもしものときに
やってほしいこと

記入日　　　年　　月　　日

🍀 私の葬儀はどうしますか？

□しなくてよい　　　□密葬を希望

□通常の葬儀を希望　□考えていない

🍀 葬儀の準備は？

□していない
□互助会等を利用している（予定を含む）
□生前予約している
□生前契約している

生前予約　　予約先・葬儀の内容・費用の内訳

生前契約　　契約相手先・契約書の保管場所・葬儀の内容・財産の管理・埋骨

🍀 葬儀の規模は？

□質素　　　□標準的なもの　　　□盛大　　　□その他

🍀 葬儀の方法は？

□習慣に従う　　　□個性的に行う　　　□その他

＊葬儀のスタイルは時代とともに変化しています。じっくりと検討し、ご自身の希望を記録しておきましょう。

ご自身の思ったことを
伝えましょう

記入日　　　年　　　月　　　日

🍀 葬儀の儀式は？

☐仏式　　　☐神式　　　☐キリスト教式　　　☐自然葬　　　☐無宗教葬

☐こだわりはない　　　☐その他

🍀 葬儀費用

☐預金・保険等

☐現在の貯金

☐家族に任せる

☐特に準備していない

🍀 依頼したい寺院・教会・神社

名称	
住職（神父）	
住所	
電話番号	

🍀 戒名

☐戒名をつけてほしい

☐すでに戒名があるのでそれをつけてほしい（戒名：　　　　　　　　　　　　）

☐依頼している

☐高い位の戒名をつけてほしい

☐低い位の戒名で構わない

☐家族に任せる

☐戒名はいらない

🍀 喪主

□配偶者　　□長男（長女）　　□家族に任せる　　□その他

🍀 挨拶

弔辞　　　　続柄・関係　　　　氏名　　　　　　住所

親族　　　　続柄・関係　　　　氏名　　　　　　住所

🍀 納棺時の衣装

□洋装　□和装　　□家族に任せる
□身につけたいものがある　　内容：　　　　　　保管場所：

🍀 祭壇

□生花祭壇　　具体的な花の名前
□白木祭壇
□オリジナルな祭壇
□その他

🍀 音楽

曲名　　　　　　　　　　　　　CDなどの保管場所

＊具体的にイメージがわかない場合には、記入できそうなところから書いておきましょう。

記入日　　　年　　　月　　　日

🍀 遺影

□決めている
　保管場所
□決めていない　　□何でも良い

🍀 香典

□いただく　　□辞退する　　□その他

🍀 会葬礼品

□希望するものがある（品名　　　　　　　　　　）
□業者が用意したもの
□返礼品は必要ない
□その他

🍀 死亡通知

□業者既製品　　□必要ない
□作成済み
　保管場所

🍀 埋葬は？

□お墓に入る　　□散骨してほしい　　□樹木葬　　□その他

もしものときリスト②

記入日　　年　　月　　日

🍀 私の「もしものとき」に知らせてほしい人

氏名		続柄	
住所		電話番号	
		メールアドレス	
備考			

氏名		続柄	
住所		電話番号	
		メールアドレス	
備考			

氏名		続柄	
住所		電話番号	
		メールアドレス	
備考			

氏名		続柄	
住所		電話番号	
		メールアドレス	
備考			

氏名		続柄	
住所		電話番号	
		メールアドレス	
備考			

知らせてほしい人は意外にたくさんいるものです

記入日　　　年　　　月　　　日

🍀 私の「もしものとき」に知らせてほしい人

氏名		続柄	
住所		電話番号	
		メールアドレス	
備考			

氏名		続柄	
住所		電話番号	
		メールアドレス	
備考			

氏名		続柄	
住所		電話番号	
		メールアドレス	
備考			

氏名		続柄	
住所		電話番号	
		メールアドレス	
備考			

氏名		続柄	
住所		電話番号	
		メールアドレス	
備考			

記入日　　　年　　　月　　　日

🍀 私の「もしものとき」に知らせてほしい団体

名称		関係	
住所		電話番号	
		メールアドレス	
備考（代表など）			

名称		関係	
住所		電話番号	
		メールアドレス	
備考（代表など）			

名称		関係	
住所		電話番号	
		メールアドレス	
備考（代表など）			

名称		関係	
住所		電話番号	
		メールアドレス	
備考（代表など）			

名称		関係	
住所		電話番号	
		メールアドレス	
備考（代表など）			

＊同窓会や参加しているサークル、所属している団体などを記録しましょう。

記入日　　　年　　　月　　　日

🍀 私の「もしものとき」に知らせてほしい団体

名称		関係	
住所		電話番号	
		メールアドレス	
備考（代表など）			

名称		関係	
住所		電話番号	
		メールアドレス	
備考（代表など）			

名称		関係	
住所		電話番号	
		メールアドレス	
備考（代表など）			

名称		関係	
住所		電話番号	
		メールアドレス	
備考（代表など）			

名称		関係	
住所		電話番号	
		メールアドレス	
備考（代表など）			

＊万が一の場合には退会の手続をしてください。

私のお墓・納骨・法事

記入日　　　　年　　　月　　　日

✿ 納骨

□先祖代々のお墓　　□実家のお墓　　　　家紋（コピーなど）

□新しいお墓　　　　□分骨してほしい

□家族に任せる　　　□その他　　　　　　家紋の名称（　　　　　　　　　）

✿ 埋葬場所

□公営墓地　　　□寺院などの墓地　　　□民間の霊園墓地　　　□無宗教の墓地

□故郷の墓地　　□散骨　　□洋墓　　□壁墓地　　□合同墓地

□家族に任せる　　　□その他

お墓の場所
　名称：　　　　　　　　　　　所在地（区画番号）
　連絡先：　　　　　　　　　　墓地使用権者：

✿ 埋葬等の費用

□預金と保険　　　　□家族に任せる　　　　□その他

✿ 供養の連絡

□１周忌は弔問の方すべてに連絡してほしい（それ以降は不要）

□３周忌までは弔問の方すべてに連絡してほしい（それ以降は不要）

□親族には定期的に連絡してほしい

□連絡しなくても良い　　　　　□家族に任せる　　　　　□その他

特に記しておきたいこと（そのほかの希望など）

＊お墓や法要について、ご自身の考えがある場合には記録しておきましょう。

私の財産を
贈りたい人

財産や貴金属については、
あくまでも個人の希望・要望です。
ここに記入したことは
実効性のある遺言とは違うので
注意してください

記入日　　　　年　　　月　　　日

品物		保管場所	
贈呈先		続柄・関係	
住所		電話番号	
贈呈方法			
メッセージ			

品物		保管場所	
贈呈先		続柄・関係	
住所		電話番号	
贈呈方法			
メッセージ			

品物		保管場所	
贈呈先		続柄・関係	
住所		電話番号	
贈呈方法			
メッセージ			

品物		保管場所	
贈呈先		続柄・関係	
住所		電話番号	
贈呈方法			
メッセージ			

これからの私

これまでの人生をふり返ると、新しい発見があるかもしれません。
これからやりたいこと、新たな目標など思いつくままに記入しましょう。

🍀 これからの予定、やりたいこと

いつ？	内容	予算
例）1年後	例）国内旅行	例）5万円〜10万円

🍀 趣味・おつきあい

楽しいと感じるときは、誰と、何をしているときですか？
趣味や、サークル活動でつながったお付き合いのある人など、
自由に書きとめておきましょう。

あなたと大切な人の
想いをつなぐメッセージ

へ　　　年　　　月　　　日

へ　　　年　　　月　　　日

へ　　　年　　　月　　　日

私の口座引落とし先

内容	金融機関	口座番号	毎月の引落とし日	備考
電気料金				
水道料金				
ガス料金				
NHK受診料				
マンション管理費				
固定電話料金				
携帯電話料金				
生命保険				
損害保険				
クレジットカード				

＊万が一の場合には、口座からの自動引落としができなくなります。遺された家族があわてなくてもすむように記録しておきましょう。
公共料金をクレジットカードで支払っている場合も、忘れずに記載しましょう。

私の携帯電話・パソコン

記入日　　年　　月　　日

✿ 携帯電話

契約会社・連絡先	
携帯番号	
スマートフォン パスワード	
名義人	
携帯メールアドレス	
備考	□もしものときは、登録しているデータやアドレスはすべて削除する

✿ パソコン

メーカー		連絡先	
型番		ユーザー名／ パスワード	
プロバイダ名		連絡先	
メールアドレス			
備考			
Web サイト（Facebook、 LINE など）の ID			

利用サイト名		ID	
		パスワード	
メールアドレス			

利用サイト名		ID	
		パスワード	
メールアドレス			

利用サイト名		ID	
		パスワード	
メールアドレス			

＊携帯電話やスマートフォン、パソコンを複数もっている場合、備考欄を活用してください。
＊デジタル遺産とは…高齢者のパソコン・スマートフォンの利用により蓄積されたメールや画像データ、インターネットやブログ・SNSなどのデータのこと。万が一の場合には、遺されたデータをどのように処理するのか書き残しておきましょう。

私のお気に入りの写真

思い出の写真を貼っておきましょう

●著者紹介

山口里美
（やまぐちさとみ）

司法書士法人コスモ・行政書士法人コスモ　代表社員
株式会社コスモホールディングス　代表取締役
大人片づけインストラクター
整理収納アドバイザー1級

1993年司法書士資格を取得、旅行業から法律業へ転身。
97年に事務所を開設。現在コスモは日本最大の女性代表司法書士法人。
全国10拠点にオフィスを構える。"法律業を最高のサービス業へ"というスローガンは、封建的な士業界への疑念と、元旅行会社で培ったサービスマインド、そして女性法律家としての日々から得た、壮絶な経験の賜物である。現在著書12冊、金融機関・生命保険会社等主催での講演活動は年間60回以上。
全国司法書士女性会副会長／全国司法書士法人連絡協議会理事などを務める。
その真髄は「100点満点は当たり前。120％の献身的な行動こそサービス」にある。
山口里美Facebook　https://www.facebook.com/satomi.yamaguchi.357
マイベストプロ　山口里美コラム　http://mbp-tokyo.com/cosmo/column/

●コスモグループ　相続専門サイト http://www.souzoku-cosmo.com

司法書士法人・行政書士法人コスモ
〒104-0028 東京都中央区八重洲2丁目6番21号三徳八重洲ビル3階
TEL:03-6703-0044　FAX:03-6703-0041

司法書士法人・行政書士法人コスモ　大阪
〒530-0001 大阪市北区梅田1丁目11番4号大阪駅前第4ビル4階
TEL:06-6344-7510　FAX:06-6344-7515

司法書士法人・行政書士法人コスモ　名古屋
〒450-0002 名古屋市中村区名駅4丁目13番7号西柳パークビル4階
TEL:052-526-6557　FAX:052-561-6825

司法書士法人・行政書士法人コスモ　福岡
〒812-0013 福岡市博多区博多駅東3丁目1番4号タカ福岡ビル3階
TEL:092-483-0071　FAX:092-483-0061

司法書士法人コスモ　仙台
〒980-0014 仙台市青葉区本町2丁目1番7号本町奥田ビル8階
TEL:022-226-8092　FAX:022-226-8093

司法書士法人コスモ　埼玉
〒330-0062 さいたま市浦和区仲町1丁目14番8号三井生命浦和ビル5階
TEL:048-711-9658　FAX:048-711-9659

司法書士法人・行政書士法人コスモ岡山　一休法務事務所
〒700-0971 岡山市北区野田3丁目1番地1号東光野田ビル3階
TEL:086-259-0193　FAX:086-259-0224

コスモ広島・やまだ司法事務所
〒730-0032 広島市中区立町1番22号ごうぎん広島ビル8階
TEL:082-236-3275　FAX:082-236-3276

コスモ札幌・きらら司法書士事務所
〒060-0809 北海道札幌市北区北九条西三丁目10番地1小田ビル3階
TEL:011-768-7531　FAX:011-768-7896

コスモとかち・中田司法書士・行政書士事務所
〒082-0015 北海道河西郡芽室町東五条十丁目2番地
TEL:0155-67-1005　FAX:0155-62-4414

●一般社団法人日本エグゼクティブプロモーター協会
（Executive Promoter Association of Japan：EPAJ）
リカレント教育（生涯学習）の推進などを目的に、高橋和子代表理事が、2012年に設立した、一般社団法人。認定校の「片づけ上手塾エグゼカレッジ表参道校」では、親の家実家片づけ、リレーションノート（本書）を活用した「大人片づけ」®を学べる「年代別大人片づけインストラクター資格認定講座」を始め、脳トレ「脳サイズ片づけインストラクター資格認定講座」など、多くの講座を展開。テレビ・メディア取材多数。
片づけ上手塾エグゼカレッジ表参道校
HP　http://www.exepromo.jp/
TEL 03-6869-0954

●相続や遺言書についての相談窓口

日本司法書士会連合会
〒160-0003　東京都新宿区本塩町9-3
TEL03-3359-4171　FAX03-3359-4175
http://www.shiho-shoshi.or.jp/

日本弁護士連合会
〒100-0013　東京都千代田区霞が関1-1-3
TEL03-3580-9841　FAX03-3580-2866
http://www.nichibenren.or.jp/

日本公証人連合会
〒100-0013　東京都千代田区霞が関1-4-2 大同生命霞が関ビル5F
TEL03-3502-8050　FAX03-3508-4071
http://www.koshonin.gr.jp/

家庭裁判所
http://www.courts.go.jp/map.html

大切な人に想いをつなぐリレーションノート®

 日本法令®　　　　　　　　　　　検印省略

〒101-0032
東京都千代田区岩本町1丁目2番19号
http://www.horei.co.jp/

著　者　山　口　里　美
発行者　青　木　健　次
編集者　岩　倉　春　光
印刷所　日 本 ハ イ コ ム
製本所　国　　宝　　社

（営　業）　TEL　03-6858-6967　Eメール　syuppan@horei.co.jp
（通　販）　TEL　03-6858-6966　Eメール　book.order@horei.co.jp
（編　集）　FAX　03-6858-6957　Eメール　tankoubon@horei.co.jp

（バーチャルショップ）　http://www.horei.co.jp/shop
（お 詫 び と 訂 正）　http://www.horei.co.jp/book/owabi.shtml

※万一、本書の内容に誤記等が判明した場合には、上記「お詫びと訂正」に最新情報を掲載
　しております。ホームページに掲載されていない内容につきましては、FAXまたはEメー
　ルで編集までお問合せください。